THIS NOTEBOOK BELONGS TO:

COPYRIGHT © 2022 MAVIS GORDON
ALL RIGHTS RESERVED

Date: _____   M T W Th F Sa Su

I'm grateful for:

One good thing about today:

Today's affirmation:

DATE

Sun　Mon　Tue　Wed　Thu　Fri　Sat

DATE ....

☐ Sun ☐ Mon ☐ Tue ☐ Wed ☐ Thu ☐ Fri ☐ Sat

DATE _____

Sun Mon Tue Wed Thu Fri Sat

DATE ....
☐ Sun ☐ Mon ☐ Tue ☐ Wed ☐ Thu ☐ Fri ☐ Sat

DATE

Sun Mon Tue Wed Thu Fri Sat

DATE ....
☐ Sun ☐ Mon ☐ Tue ☐ Wed ☐ Thu ☐ Fri ☐ Sat

DATE ....

- Sun - Mon - Tue - Wed - Thu - Fri - Sat

DATE ....

☐ Sun ☐ Mon ☐ Tue ☐ Wed ☐ Thu ☐ Fri ☐ Sat

DATE ....

☐ Sun ☐ Mon ☐ Tue ☐ Wed ☐ Thu ☐ Fri ☐ Sat

DATE ....
☐ Sun ☐ Mon ☐ Tue ☐ Wed ☐ Thu ☐ Fri ☐ Sat

Date: _____   M T W Th F Sa Su

I'm grateful for:

One good thing about today:

Today's affirmation:

DATE ....
☐ Sun ☐ Mon ☐ Tue ☐ Wed ☐ Thu ☐ Fri ☐ Sat

DATE ....

☐ Sun ☐ Mon ☐ Tue ☐ Wed ☐ Thu ☐ Fri ☐ Sat

DATE ....

☐ Sun ☐ Mon ☐ Tue ☐ Wed ☐ Thu ☐ Fri ☐ Sat

DATE ....

Sun Mon Tue Wed Thu Fri Sat

DATE ....
☐ Sun ☐ Mon ☐ Tue ☐ Wed ☐ Thu ☐ Fri ☐ Sat

DATE

Sun Mon Tue Wed Thu Fri Sat

DATE

- Sun - Mon - Tue - Wed - Thu - Fri - Sat

DATE ....

☐ Sun ☐ Mon ☐ Tue ☐ Wed ☐ Thu ☐ Fri ☐ Sat

DATE ....
Sun Mon Tue Wed Thu Fri Sat

DATE ....

Sun Mon Tue Wed Thu Fri Sat

Date: _____   M T W Th F Sa Su

I'm grateful for:

One good thing about today:

Today's affirmation:

DATE
Sun Mon Tue Wed Thu Fri Sat

DATE

- [ ] Sun - [ ] Mon - [ ] Tue - [ ] Wed - [ ] Thu - [ ] Fri - [ ] Sat

DATE ....

☐ Sun ☐ Mon ☐ Tue ☐ Wed ☐ Thu ☐ Fri ☐ Sat

DATE ....

☐ Sun ☐ Mon ☐ Tue ☐ Wed ☐ Thu ☐ Fri ☐ Sat

DATE ....

Sun   Mon   Tue   Wed   Thu   Fri   Sat

DATE ....
☐ Sun ☐ Mon ☐ Tue ☐ Wed ☐ Thu ☐ Fri ☐ Sat

DATE ....

☐ Sun ☐ Mon ☐ Tue ☐ Wed ☐ Thu ☐ Fri ☐ Sat

DATE _____

☐ Sun ☐ Mon ☐ Tue ☐ Wed ☐ Thu ☐ Fri ☐ Sat

DATE ....

☐ Sun ☐ Mon ☐ Tue ☐ Wed ☐ Thu ☐ Fri ☐ Sat

DATE ....

☐ Sun ☐ Mon ☐ Tue ☐ Wed ☐ Thu ☐ Fri ☐ Sat

Date: _____   M T W Th F Sa Su

I'm grateful for:

One good thing about today:

Today's affirmation:

DATE ....

☐ Sun ☐ Mon ☐ Tue ☐ Wed ☐ Thu ☐ Fri ☐ Sat

DATE ....

☐ Sun ☐ Mon ☐ Tue ☐ Wed ☐ Thu ☐ Fri ☐ Sat

DATE ....
☐ Sun ☐ Mon ☐ Tue ☐ Wed ☐ Thu ☐ Fri ☐ Sat

DATE _____

☐ Sun ☐ Mon ☐ Tue ☐ Wed ☐ Thu ☐ Fri ☐ Sat

DATE ....

☐ Sun ☐ Mon ☐ Tue ☐ Wed ☐ Thu ☐ Fri ☐ Sat

DATE
Sun Mon Tue Wed Thu Fri Sat

DATE ....

☐ Sun ☐ Mon ☐ Tue ☐ Wed ☐ Thu ☐ Fri ☐ Sat

DATE _____

Sun   Mon   Tue   Wed   Thu   Fri   Sat

DATE

☐ Sun ☐ Mon ☐ Tue ☐ Wed ☐ Thu ☐ Fri ☐ Sat

DATE ....
☐ Sun ☐ Mon ☐ Tue ☐ Wed ☐ Thu ☐ Fri ☐ Sat

Date: _____   M T W Th F Sa Su

I'm grateful for:

One good thing about today:

Today's affirmation:

DATE _____

☐ Sun ☐ Mon ☐ Tue ☐ Wed ☐ Thu ☐ Fri ☐ Sat

DATE ....

☐ Sun ☐ Mon ☐ Tue ☐ Wed ☐ Thu ☐ Fri ☐ Sat

DATE
Sun Mon Tue Wed Thu Fri Sat

DATE

Sun Mon Tue Wed Thu Fri Sat

DATE ....

☐ Sun ☐ Mon ☐ Tue ☐ Wed ☐ Thu ☐ Fri ☐ Sat

DATE
Sun Mon Tue Wed Thu Fri Sat

DATE ....

Sun　Mon　Tue　Wed　Thu　Fri　Sat

DATE

Sun　Mon　Tue　Wed　Thu　Fri　Sat

DATE

Sun Mon Tue Wed Thu Fri Sat

DATE
☐ Sun ☐ Mon ☐ Tue ☐ Wed ☐ Thu ☐ Fri ☐ Sat

Date: _____   M T W Th F Sa Su

I'm grateful for:

One good thing about today:

Today's affirmation:

DATE ....
Sun Mon Tue Wed Thu Fri Sat

DATE ....

☐ Sun ☐ Mon ☐ Tue ☐ Wed ☐ Thu ☐ Fri ☐ Sat

DATE _____

☐ Sun ☐ Mon ☐ Tue ☐ Wed ☐ Thu ☐ Fri ☐ Sat

DATE ....
☐ Sun ☐ Mon ☐ Tue ☐ Wed ☐ Thu ☐ Fri ☐ Sat

DATE ....
☐ Sun ☐ Mon ☐ Tue ☐ Wed ☐ Thu ☐ Fri ☐ Sat

DATE ....

☐ Sun ☐ Mon ☐ Tue ☐ Wed ☐ Thu ☐ Fri ☐ Sat

DATE _____

☐ Sun ☐ Mon ☐ Tue ☐ Wed ☐ Thu ☐ Fri ☐ Sat

DATE ....

Sun Mon Tue Wed Thu Fri Sat

DATE
Sun Mon Tue Wed Thu Fri Sat

DATE ....
Sun Mon Tue Wed Thu Fri Sat

Date: _____   M T W Th F Sa Su

I'm grateful for:

One good thing about today:

Today's affirmation:

DATE ....

☐ Sun ☐ Mon ☐ Tue ☐ Wed ☐ Thu ☐ Fri ☐ Sat

DATE ....

☐ Sun ☐ Mon ☐ Tue ☐ Wed ☐ Thu ☐ Fri ☐ Sat

DATE _____

☐ Sun ☐ Mon ☐ Tue ☐ Wed ☐ Thu ☐ Fri ☐ Sat

DATE ....
☐ Sun ☐ Mon ☐ Tue ☐ Wed ☐ Thu ☐ Fri ☐ Sat

DATE ....
☐ Sun ☐ Mon ☐ Tue ☐ Wed ☐ Thu ☐ Fri ☐ Sat

DATE ....
☐ Sun ☐ Mon ☐ Tue ☐ Wed ☐ Thu ☐ Fri ☐ Sat

DATE _____

Sun Mon Tue Wed Thu Fri Sat

DATE ....

☐ Sun ☐ Mon ☐ Tue ☐ Wed ☐ Thu ☐ Fri ☐ Sat

DATE ....

☐ Sun ☐ Mon ☐ Tue ☐ Wed ☐ Thu ☐ Fri ☐ Sat

DATE ....
☐ Sun ☐ Mon ☐ Tue ☐ Wed ☐ Thu ☐ Fri ☐ Sat

DATE ....

☐ Sun ☐ Mon ☐ Tue ☐ Wed ☐ Thu ☐ Fri ☐ Sat

DATE
Sun Mon Tue Wed Thu Fri Sat

DATE ....

☐ Sun ☐ Mon ☐ Tue ☐ Wed ☐ Thu ☐ Fri ☐ Sat

DATE ....
Sun Mon Tue Wed Thu Fri Sat

DATE ....

Sun　Mon　Tue　Wed　Thu　Fri　Sat

DATE ....

☐ Sun ☐ Mon ☐ Tue ☐ Wed ☐ Thu ☐ Fri ☐ Sat

Date: _____   M T W Th F Sa Su

I'm grateful for:

One good thing about today:

Today's affirmation:

DATE
☐ Sun ☐ Mon ☐ Tue ☐ Wed ☐ Thu ☐ Fri ☐ Sat

DATE ....

☐ Sun ☐ Mon ☐ Tue ☐ Wed ☐ Thu ☐ Fri ☐ Sat

DATE ....

☐ Sun ☐ Mon ☐ Tue ☐ Wed ☐ Thu ☐ Fri ☐ Sat

DATE ....

☐ Sun ☐ Mon ☐ Tue ☐ Wed ☐ Thu ☐ Fri ☐ Sat

DATE ....

☐ Sun ☐ Mon ☐ Tue ☐ Wed ☐ Thu ☐ Fri ☐ Sat

DATE ....

☐ Sun ☐ Mon ☐ Tue ☐ Wed ☐ Thu ☐ Fri ☐ Sat

DATE ....

☐ Sun ☐ Mon ☐ Tue ☐ Wed ☐ Thu ☐ Fri ☐ Sat

DATE ....
Sun   Mon   Tue   Wed   Thu   Fri   Sat

DATE
Sun　Mon　Tue　Wed　Thu　Fri　Sat

DATE ....

Sun Mon Tue Wed Thu Fri Sat

Date: _____   M T W Th F Sa Su

I'm grateful for:

One good thing about today:

Today's affirmation:

DATE ....

☐ Sun ☐ Mon ☐ Tue ☐ Wed ☐ Thu ☐ Fri ☐ Sat

DATE ....
☐ Sun ☐ Mon ☐ Tue ☐ Wed ☐ Thu ☐ Fri ☐ Sat

DATE ....

☐ Sun ☐ Mon ☐ Tue ☐ Wed ☐ Thu ☐ Fri ☐ Sat

DATE ....
☐ Sun ☐ Mon ☐ Tue ☐ Wed ☐ Thu ☐ Fri ☐ Sat

DATE ....
☐ Sun ☐ Mon ☐ Tue ☐ Wed ☐ Thu ☐ Fri ☐ Sat

DATE ....
Sun　Mon　Tue　Wed　Thu　Fri　Sat

DATE
Sun Mon Tue Wed Thu Fri Sat

DATE

Sun Mon Tue Wed Thu Fri Sat

DATE ....

☐ Sun ☐ Mon ☐ Tue ☐ Wed ☐ Thu ☐ Fri ☐ Sat

DATE
Sun Mon Tue Wed Thu Fri Sat

Date: _____   M T W Th F Sa Su

I'm grateful for:

One good thing about today:

Today's affirmation:

DATE ....
☐ Sun ☐ Mon ☐ Tue ☐ Wed ☐ Thu ☐ Fri ☐ Sat

DATE ....

☐ Sun ☐ Mon ☐ Tue ☐ Wed ☐ Thu ☐ Fri ☐ Sat

DATE ....

☐ Sun ☐ Mon ☐ Tue ☐ Wed ☐ Thu ☐ Fri ☐ Sat

DATE _____

Sun Mon Tue Wed Thu Fri Sat

DATE

☐ Sun ☐ Mon ☐ Tue ☐ Wed ☐ Thu ☐ Fri ☐ Sat

DATE
Sun Mon Tue Wed Thu Fri Sat

DATE ....

☐ Sun ☐ Mon ☐ Tue ☐ Wed ☐ Thu ☐ Fri ☐ Sat

DATE ....
Sun Mon Tue Wed Thu Fri Sat

DATE
☐ Sun ☐ Mon ☐ Tue ☐ Wed ☐ Thu ☐ Fri ☐ Sat

DATE ....

Sun Mon Tue Wed Thu Fri Sat

Date: _____   M T W Th F Sa Su

I'm grateful for:

One good thing about today:

Today's affirmation:

Date: _____   M T W Th F Sa Su

I'm grateful for:

One good thing about today:

Today's affirmation:

Date: _____   M T W Th F Sa Su

I'm grateful for:

One good thing about today:

Today's affirmation: